LES PETITS CAHIE
Collection dirigée par Jean-Luc Caron

Des jeux pour mieux lire

8-10 ANS

Roger Rougier
Illustrations de Joëlle Dreidemy

RETZ
www.editions-retz.com
1, rue du Départ
75014 PARIS

INDEX PAR NOTION ABORDÉE

Jouer avec les mots et les lettres

ISBN : 978-2-7256-2620-8

Jouer avec les mots

Jouer avec les textes

Mots rangés

Observe attentivement les huit mots ci-dessous.
Ils n'ont pas le même nombre de lettres.
Certains mots sont courts, d'autres sont plus longs car ils contiennent plus de lettres.

CHEVAL VOITURE MAIN
FEU PARTAGER
PATIN LA OPÉRATION

Écris un mot par ligne en commençant par celui qui a le moins de lettres et jusqu'à celui qui en a le plus.

....

....

....

....

....

....

....

....

Mots rangés

Observe attentivement les mots ci-dessous.
Tu remarques qu'ils n'ont pas le même nombre de lettres.

locomotive en bouchon

vigne deux

escalier cerise

dur

Écris un mot par ligne en allant de celui qui a le moins de lettres jusqu'à celui qui en a le plus.

Le mot oublié

Voici deux grilles de 24 cases qui contiennent les mêmes mots, mais dans un ordre différent.
Pourtant, un des mots de la première grille a été oublié dans la deuxième.
Retrouve-le.

DEVANT	COSTUME	NORD	SAUVER
TIMBRE	FOIRE	RÉGION	ÉCRIRE
MATIN	FACTEUR	SAC	VITESSE
RAYON	BLEU	CARNET	CARESSE
JANVIER	BALANCE	TAS	LORSQUE
CLOCHE	EAU	AVENUE	COQ

CARESSE	RÉGION	ÉCRIRE	BLEU
FOIRE	EAU	CLOCHE	MATIN
TIMBRE	SAC	DEVANT	JANVIER
SAUVER	LORSQUE	COSTUME	NORD
COQ	FACTEUR	VITESSE	RAYON
	BALANCE	TAS	AVENUE

Écris le mot oublié dans la case restée vide.

Les anagrammes

Il manque les couleurs du dessin ci-dessous. Colorie :

- en vert, les zones occupées par une anagramme* de MARE ;
- en noir, celles occupées par une anagramme de POULE ;
- en bleu ciel, celles où tu peux lire une anagramme de CRISE ;
- en jaune, une anagramme de VOILE ;
- en bleu foncé, une anagramme de LION ;
- en rose, une anagramme de APRES ;
- en rouge, une anagramme de SURE.

* L'anagramme est un mot que l'on obtient en changeant l'ordre des lettres d'un autre mot (exemple : MARE et RAME sont des anagrammes).

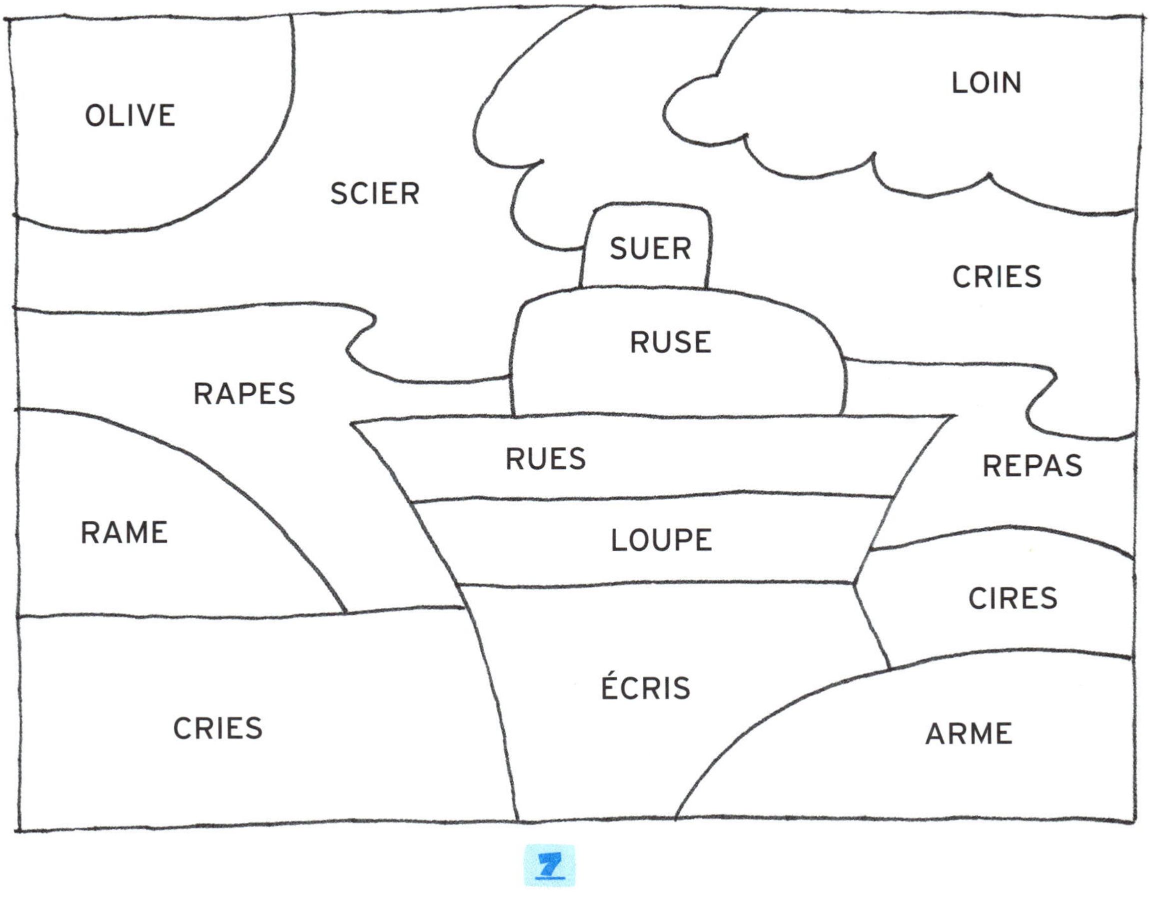

Les jumeaux

Observe bien les deux grilles de mots.
Six mots sont présents dans les deux grilles à la fois, à la même place.
Colorie en jaune les cases contenant ces mots.

UTILE	VIRAGE	CINQ	FONTAINE
LIBERTÉ	PUISQUE	PRODUIT	OBLIGER
CARNET	CORBEAU	MODÈLE	INSTANT
PERDRE	GENOU	TAILLE	LUMIÈRE
VERSER	OBJET	SAISON	BUREAU
JAMBE	GARDIEN	MOUCHOIR	ÉCHELLE
GRAND	SANG	BRANCHE	CENT
RONDE	BEAU	BLANC	BOUT

cirque	gamin	bouquet	fontaine
liberté	camion	promis	obliger
carnet	inscrire	rotule	rare
wagon	fondre	fuite	calculer
courir	objet	maison	troupe
jambe	garder	moineau	veiller
point	poule	moins	lune
large	droit	temps	frein

L'intrus

Dans chacune des grilles suivantes, tous les mots sont les mêmes sauf un. Colorie en rouge les cases qui contiennent ce mot différent.

1

REPAS	REPAS	REPAS	REPAS	REPAS
REPAS	REPAS	REPAS	REPAS	REPAS
REPAS	REPAS	REPAS	REPAS	REPOS
REPAS	REPAS	REPAS	REPAS	REPAS

2

BOULE	BOULE	BOULE	BOULE	BOULE
BOULE	BOULE	BOULE	FOULE	BOULE
BOULE	BOULE	BOULE	BOULE	BOULE
BOULE	BOULE	BOULE	BOULE	BOULE

3

ONCLE	ONGLE	ONGLE	ONGLE	ONGLE
ONGLE	ONGLE	ONGLE	ONGLE	ONGLE
ONGLE	ONGLE	ONGLE	ONGLE	ONGLE
ONGLE	ONGLE	ONGLE	ONGLE	ONGLE

4

SIGNE	SIGNE	SIGNE	SIGNE	SIGNE
SIGNE	SIGNE	SIGNE	SIGNE	SIGNE
SIGNE	SIGNE	SIGNE	SIGNE	SIGNE
SIGNE	SIGNE	SIGNE	SIGNE	SIGNE
SIGNE	SIGNE	SIGNE	SIGNE	SIGNE
SIGNE	SIGNE	SIGNE	SIGNE	SIGNE
SIGNE	SIGNE	SINGE	SIGNE	SIGNE

Repérage

1

Dans la grille suivante, le mot « JOUR » est écrit dix fois.
Colorie en jaune les dix cases qui contiennent ce mot.

TOUR	JOUE	POUR	JOUR	COUR
JOUR	JOUR	JOIE	LOUP	COUP
JUIN	JOUR	PONT	JOUR	FOUR
ROUE	JOUR	JOUR	TOUT	JOUR
JOLI	JEUX	NUIT	JOUR	VOUS
JOUR	OURS	LUGE	JUGE	SOUS

2

Cette fois, le mot « prune » n'est écrit que cinq fois dans cette nouvelle grille. Colorie en jaune les cinq cases où il se trouve.

prune	pomme	bonne	brune	prune
plume	punir	poule	prise	cruel
plage	prune	durer	pulpe	fruit
prune	fumer	ruine	bruit	brute
poire	rhume	houle	prune	peint

3

Enfin, le mot « TACHE » n'est présent qu'une fois dans cette troisième grille. Cherche-le et colorie en bleu la case qui le contient.

BÂCHE	HACHE	TABLE	TAIRE	VACHE
CACHE	TACHE	RUCHE	NACRE	FOIRE
LÂCHE	RICHE	TASSE	BAISSE	ACHAT

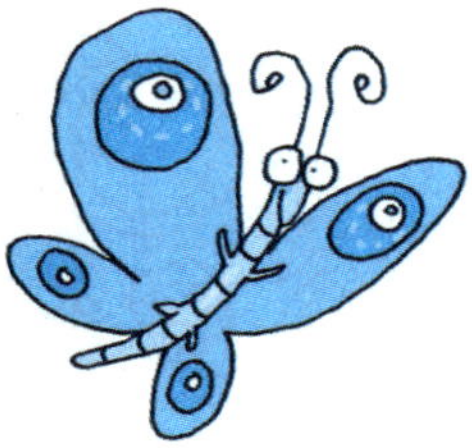

Le même mot

1

Observe bien les trois listes de mots qui suivent. Un seul mot figure à la fois dans la première, la deuxième et la troisième liste.
Retrouve-le et colorie-le en rouge dans chaque liste.

LIBELLULE	TAPIS	MARCHAND
PROFOND	SUIVANT	ESPÈCE
TAPIS	EXPLOSION	CAMPER
PRAIRIE	PROFOND	COURBE
PASSAGE	CERISE	OUVRIER
BOUQUET	ABEILLE	CERISE
TOMATE	IMMEUBLE	TISANE
QUINZE	TITRE	CITRON
CERISE	TÉLÉPHONE	PRAIRIE
HANNETON	COMPLET	SPÉCIAL

2

Fais la même recherche avec ces trois autres listes de mots en utilisant cette fois ton crayon bleu.

chez	pour	coup
vite	cher	donc
mise	quoi	fier
zéro	être	pour
vive	vite	doux
long	fort	trop
trop	zéro	long
pour	noir	club
lent	coup	voir
nous	ours	rive

Mots rangés

Lis avec beaucoup d'attention les mots suivants :

NUIT PLONGER CARTABLE

EAU NOYAU

TAPISSERIE PARTITION ON

CANARD TEMPÉRATURE

Écris maintenant un mot par ligne en allant de celui qui a le plus de lettres jusqu'à celui qui en a le moins.

....

....

....

....

....

....

....

....

....

....

Mots rangés

Lis avec beaucoup d'attention les mots suivants :

sommet du montagne bien

balle sol printemps a

application construction

Écris maintenant un mot par ligne en allant de celui qui a le plus de lettres jusqu'à celui qui en a le moins.

Le mot oublié

Voici deux grilles de 28 cases qui contiennent les mêmes mots,
mais dans un ordre différent.
Pourtant, un des mots de la première grille a été oublié dans la deuxième.
Retrouve-le.

DOCTEUR	CANAL	FLOCON	ONCLE
AGILE	VERGER	MOUTON	GRILLE
RAIL	PARTOUT	OUI	CHOU
PAIN	CHARBON	FROID	MÉTIER
CHEVAL	LAMPE	PAYSAN	VITRAIL
MINUIT	POISSON	DIX	VEAU
BEAU	BATEAU	MONDE	SEAU

agile	pain	oncle	beau
charbon	veau	paysan	dix
vitrail	froid	canal	mouton
lampe	seau	minuit	bateau
flocon	grille	partout	verger
chou	rail	docteur	métier
	oui	cheval	poisson

Écris le mot oublié dans la case restée vide.

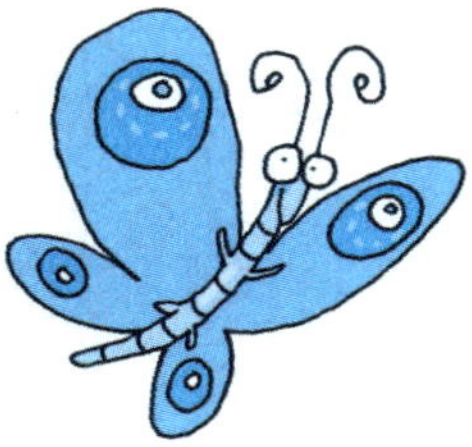

Les anagrammes

1

Dans chaque ligne, deux mots sont composés des mêmes lettres.
Observe bien chaque ligne et colorie en jaune ces deux mots.

MARE	MAGE	ARME
AVEC	CHEZ	CAVE
MARS	MAIS	AMIS
OSER	ROSE	USER
TOUR	TOUT	TROU
CIEL	FIEL	FILE
RAPE	PARE	PURE
RUSE	BUSE	USER
NIER	SIEN	RIEN
ZONE	ONZE	ZÉRO

2

Observe la bande et colorie en jaune les deux mots contenant les mêmes lettres.

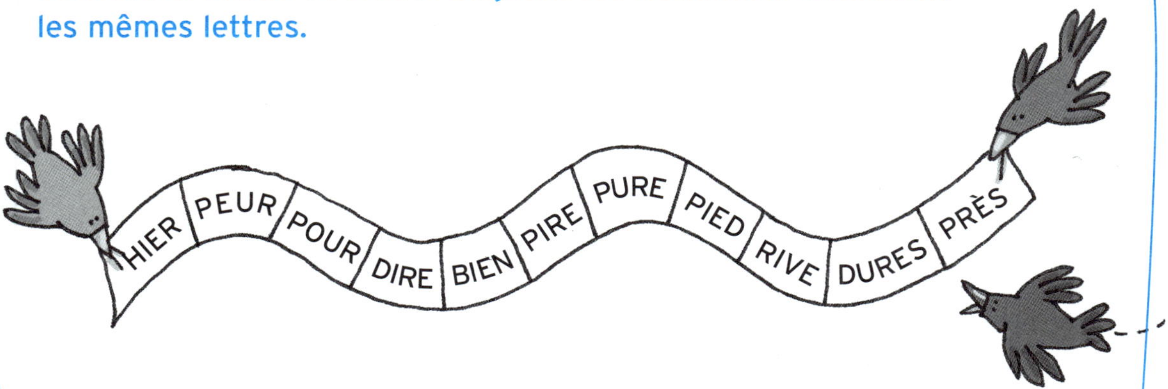

Les jumeaux : grand frère, petit frère

Dix mots de la première grille sont présents dans la deuxième grille. Observe bien les deux grilles et colorie en jaune les cases qui contiennent ces « mots jumeaux ».

PION	CAGE	POUR	COUP
LOUP	MAGE	CHAT	CALE
QUAI	PAGE	DANS	PAIN
AVEC	PIRE	CHER	PONT
RIRE	DIRE	CAVE	CHEZ
BRAS	MODE	MOIS	DONC
SANG	VERS	BOUT	GARE

quoi	pain	houx	nage
coup	chez	dent	cage
port	mont	loup	sage
lion	char	lire	café
pont	dans	cave	pour
elle	avec	sire	main
mars	pure	case	dure

L'intrus

Toutes les cases de cette grille sont occupées par le même mot, sauf une. Retrouve le mot différent et colorie-le en jaune.

1

SON	SON	SON	SON	SON
SON	SON	SON	NOS	SON
SON	SON	SON	SON	SON

Fais la même recherche avec les mots de chacune des grilles suivantes.

2

BON	BON	BON	BON	BON
BON	BON	BON	BON	BON
BON	BON	BON	BON	BON
BON	MON	BON	BON	BON

3

FILLE	FILLE	FILLE	FILLE	FILLE
FILLE	FILLE	FILLE	FILLE	FILLE
FILLE	BILLE	FILLE	FILLE	FILLE
FILLE	FILLE	FILLE	FILLE	FILLE
FILLE	FILLE	FILLE	FILLE	FILLE

4

RIRE	RIRE	RIRE	RIRE	RIRE	RIRE
RIRE	RIRE	RIRE	RIRE	RIRE	RIRE
RIRE	RIRE	RIRE	RIRE	RIRE	RIRE
RIRE	RIRE	RIRE	RIRE	RIRE	PIRE
RIRE	RIRE	RIRE	RIRE	RIRE	RIRE
RIRE	RIRE	RIRE	RIRE	RIRE	RIRE

Repérage

1

Dans la grille suivante, le mot « saut » est écrit dix fois.
Colorie en bleu les cases qui contiennent ce mot.

saut	saut	haut	sage	sait
sort	soit	soir	peau	sous
site	saut	suit	beau	saut
faut	saut	saut	saut	nuit
houx	soin	faux	loup	vaut
quai	fuit	luit	saut	huit
puis	saut	paix	tout	nuit
août	goût	faut	saut	seau

2

Dans cette grille, colorie en jaune les quatre cases qui contiennent le mot « CASSER ».

PASSER	CASSER	DANSER	CHASSE	CAUSER
COUSIN	CLASSE	CAHIER	CLAIRE	CASTOR
BRASSE	MASSER	BRAISE	CASSER	ÉCLAIR
CASSER	CASSER	MASQUE	LASSER	TASSER
BASSES	PHRASE	LIASSE	POSTER	SOIRÉE
PUISER	COPIER	COUPER	PASSER	TROUER
DESSIN	PINCER	CARTES	BASSIN	DESTIN

3

Colorie en vert : peine ; en bleu : veine ; en rouge : reine ;
en jaune : seize.

laine	lettre	plein	peigne	permis	perdu
chêne	chaîne	neige	reine	veine	paire
frein	haine	peine	jeudi	digne	ruine
liane	seize	pierre	peint	rien	chien

Le même mot

Observe bien les trois colonnes de mots.
Retrouve le seul mot qui se trouve dans les trois colonnes à la fois et colorie-le en rouge.
Une case par colonne sera donc coloriée.

COULEUR	RAIL	DOUBLE
CHEF	REGARD	TRAIN
CLIENT	ESPRIT	MONDE
PISTE	SOL	VASTE
FUTUR	DIZAINE	CHEF
DIZAINE	FUTUR	BESOIN
REGARD	PARC	MILIEU
GROS	MONDE	CLIENT
SOL	BESOIN	VISITE
VISITE	GROUPE	AUTOUR
AUTOUR	LIGNE	STOP
TOURISTE	RUE	TUILE
MONDE	TUILE	ENFIN
VILLE	BORNE	MINITEL
RÉGION	STOP	ACCORD
IMMEUBLE	FOULE	FOIS

Mots rangés

Lis attentivement les mots ci-contre.
Tu remarques qu'ils n'ont pas tous le même nombre de lettres.

DETRUIRE	DIRE
EVITER	AVEC
HEURE	REVE
BICHE	THE
PISTE	ETE
ETRE	

Dispose ces mots dans la grille (tous les « E » ont déjà été placés).

Le mot oublié

Voici deux grilles de trente cases qui contiennent les mêmes mots,
mais dans un ordre différent.
Pourtant, un des mots de la première grille a été oublié dans la deuxième.
Retrouve-le.

GLACE	COMMENT	MER	SORTIE	PUIS
FEUILLE	FOULE	FILLE	LONG	PLONGER
PAUVRE	GARE	BAGUE	GALOP	NOIX
FABLE	BAGAGE	AIGLE	VAGUE	DESSUS
FLEUR	FACILE	ÉCOLE	BOIS	HORLOGE
LIERRE	ENVIE	ÉTAGE	RIVE	MUSEAU

NOIX	RIVE	FOULE	FLEUR	BAGAGE
LONG	DESSUS	ÉCOLE	LIERRE	COMMENT
GALOP	MER	FEUILLE	BAGUE	ENVIE
FACILE	HORLOGE	SORTIE	GLACE	PAUVRE
ÉTAGE	MUSEAU	FABLE	FILLE	PUIS
	BOIS	AIGLE	GARE	PLONGER

Écris le mot oublié dans la case restée vide.

Les anagrammes

1

Sur chaque ligne, deux mots sont composés des mêmes lettres : colorie-les.

TROP	TOUT	POUR	PORT
RARE	GARE	RAGE	GAGE
POIL	LOUP	PILE	POLI
MINE	MIEL	MIEN	LIEN
LIEN	MINE	LIME	MIEL
GITE	TIGE	SITE	CITE
MURE	SURE	MUER	RUER
SIRE	DURE	SURE	SUER
PIRE	DURE	RUDE	PURE
RIDE	RIRE	PIRE	DIRE

2

Dans chaque colonne, une seule lettre change pour passer d'un mot au suivant. Entoure-la.

	NOIR		ONCLE
	NOIX	MALLE	ONGLE
VIGIE	VOIX	SALLE	ANGLE
VIGNE	VOIE	SABLE	AIGLE
LIGNE	JOIE	SABRE	AIGRE
LIANE	JOUE	SOBRE	TIGRE

Les jumeaux

Dans chacune des grilles ci-dessous, un même mot est écrit deux fois. Retrouve-le.

1

CHANTEUR	CALCUL	SERVIR	RUDE	PORT
VIOLON	DORMIR	DOCTEUR	BALLE	JOUEUR
COLLINE	FOIN	BOUE	MIROIR	RENARD
TERRE	COURT	ALLURE	MARIN	ROUE
BALLE	BORD	PION	MENTEUR	CARNET
SIMPLE	ARDOISE	BAL	CHAISE	ARTISTE

Le mot .... est écrit deux fois.

2

voix	avec	joie	stade	quille
flairer	soudain	épaule	bougie	odeur
cinq	jeudi	humide	fièvre	piquer
averse	flamme	flairer	flaque	phoque
pouvoir	parfois	grappe	oser	juillet
glacial	pareil	commode	jupe	cil

Le mot .... est écrit deux fois.

3

MADAME	TALON	SCORPION	TERRAIN	RAISIN
RAIE	NOIR	MARBRE	ÉGAL	FORTUNE
PANTIN	PARC	AÉRER	AFFAIRE	CHIGNON
FOULARD	NOYAU	PALAIS	PALMIER	MYOPE
VOILE	MOYEN	EUX	ABOYER	MOYEN
CETTE	MENACE	YEUX	ROSE	GILET

Le mot .... est écrit deux fois.

L'intrus

1

Toutes les cases de cette grille sont occupées par le même mot sauf cinq d'entre elles.
Observe bien tous les mots et colorie en vert les cinq cases qui contiennent les intrus.

RIEN	RIEN	RIEN	RIEN	RIEN	RIEN
RIEN	RIEN	REIN	RIEN	RIEN	RIEN
RIEN	RIEN	RIEN	SIEN	RIEN	RIEN
RIEN	BIEN	BIEN	RIEN	RIEN	RIEN
RIEN	RIEN	RIEN	RIEN	RIEZ	RIEN
RIEN	RIEN	RIEN	RIEN	RIEN	RIEN

2

Cette fois, quatre cases seulement contiennent des mots différents.
Colorie-les en jaune.

MAIN	MAIN	MAIN	NAIN	MAIN	MAIN
MAIN	MAIN	MAIS	MAIN	MAIN	MAIN
MAIN	MAIN	MAIN	MAIN	MAIN	MAIN
MAIN	MAIN	MAIN	MAIN	MAIN	MIEN
MAIN	BAIN	MAIN	MAIN	MAIN	MAIN
MAIN	MAIN	MAIN	MAIN	MAIN	MAIN

Repérage

Dans la grille ci-dessous, le mot « DOUBLE » est écrit quinze fois.
Colorie en rouge les quinze cases qui contiennent ce mot.

COUPLE	SOUPLE	ROUGES	DOUBLE
MOUDRE	MORDRE	DOUTER	SOMMET
COUDRE	DOUBLE	DOUCHE	BOUCLE
DOUBLE	DOUBLE	POUTRE	POUSSE
BOULET	COULER	ROULER	DOUBLE
TOUTES	TROUER	COUVER	SOMBRE
COUPER	DOUBLE	DOUCHE	DOUANE
DOUBLE	DOUCES	DOUBLE	DONNER
BRISER	CRAYON	CROIRE	COUSIN
GRAINE	GROUPE	GRIPPE	GUIDER
NOUGAT	OURSON	DOUBLE	PORTER
DOUBLE	BOUTON	CAISSE	DOUBLE
VEILLE	CADRAN	DOUBLE	FRACAS
GIRAFE	GENTIL	ÉPAULE	GOUJON
BALLON	PARFUM	LABEUR	DOUBLE
FINALE	FLAMME	FOUDRE	POUDRE
FRAISE	GOUSSE	HUMOUR	PLANTE
PROPRE	SOURCE	SOUDER	COURIR
PIÉTON	PIGEON	DOUBLE	STATUE
ROMPRE	GOUTTE	BATTRE	TOMBER
ÉCORCE	DOUBLE	LOURDE	LOUTRE
LOUCHE	CLOUER	HOUPPE	DOUCES

Les jumeaux : le fils unique

Lis avec beaucoup d'attention cette liste de mots :

ROUTIER	JETER	LEQUEL
CADRAN	DEPUIS	COMME
AINSI	AUTRE	SURTOUT
HONTE	MILIEU	MALHEUR
LORSQUE	GLACIAL	TISSU
PENDANT	LANCER	ABRI

Ces mots sont écrits deux fois chacun dans la grille suivante.
Un seul n'est présent qu'une fois : retrouve-le.

abri	jeter	comme	glacial	pendant
milieu	depuis	honte	lorsque	lequel
ainsi	comme	routier	cadran	milieu
glacial	pendant	jeter	depuis	lancer
malheur	autre	surtout	honte	routier
malheur	ainsi	tissu	cadran	lequel
lorsque	surtout	lancer	tissu	abri

Le mot .... n'est écrit qu'une fois dans la grille.

Mots rangés

Observe ces douze mots :

OUVRIR	OREILLE	OBLIGER	OLIVIER
OURLET	ORANGE	OCCASION	OCTOBRE
OUBLIER	OURSON	ORIENT	OBSTACLE

Écris-les dans la grille qui convient en t'aidant des lettres déjà placées.

				L	L		
		B	L				
					N		
				E			
				G			
						L	
			R				
	B	L					
						E	

Le mot oublié

Voici deux grilles de 32 cases qui contiennent les mêmes mots,
mais dans un ordre différent.
Pourtant, un des mots de la première grille a été oublié dans la deuxième.
Retrouve-le.

FLEUR	RUE	GESTE	COURSE
PIERRE	REPAS	GRAIN	USINE
BLOUSE	COPIER	APACHE	SOIR
FAMILLE	VITE	OREILLE	TABLIER
TOMBER	VENT	BOUE	CIRQUE
SIFFLER	REGARD	SOURIS	CIEL
AMI	BRAS	VOILE	SOLEIL
ABRI	MUSIQUE	VOITURE	SABOT

VITE	SABOT	GESTE	REPAS
PIERRE	BRAS	CIEL	CIRQUE
APACHE	BLOUSE	MUSIQUE	SOIR
FLEUR	VOITURE	AMI	ABRI
VENT	GRAIN	OREILLE	VOILE
RUE	USINE	BOUE	TOMBER
COPIER	REGARD	FAMILLE	SOURIS
	COURSE	SIFFLER	SOLEIL

Écris le mot oublié dans cette case.

Les anagrammes

1

Dans chaque ligne, deux mots sont composés des mêmes lettres : colorie-les.

NICHE	CHIEN	RICHE
RUCHE	RICHE	CHERI
NEIGE	NUAGE	GENIE
POUPE	POULE	LOUPE
ROUGE	ORGUE	RONGE
VOTRE	NOTRE	NOTER
TRONE	TRONC	NOTRE
COUPE	POUCE	SOUPE
REPOS	PROSE	ROSES
REPOS	POSTE	POSER

2

Dans cette grille, deux mots sont formés avec les mêmes lettres. Colorie en jaune les deux cases contenant ces mots.

monde	garde	voile	jeune	verte	rouge
vente	route	huile	ronde	grade	jaune
poser	grand	toute	hache	ruche	bûche
poste	petit	total	grain	grâce	grave
livre	veste	raide	image	biche	lèvre

Les jumeaux

Dans chacune des grilles ci-dessous, un même mot est écrit deux fois. Recherche ce mot pour chaque grille et colorie en rouge les deux cases le contenant.

1

SOUDAIN	ESPACE	LOIN	SAVON	BIEN
VOLER	MESURE	CHOISIR	IMITER	FLÈCHE
MASQUE	LIT	ÉCRAN	COULEUR	RADIO
PIANO	VITRE	BOUCHE	FORCE	COURAGE
FÉROCE	GIRAFE	CRIER	GENRE	VRAI
RETOUR	ÉCHELLE	GROS	LANGUE	MONSIEUR
CARRÉ	NEUF	MOUCHE	BULLE	AVIS
ÉCRAN	HASARD	SILENCE	BOIRE	PANIER
SALUER	CIBLE	BOL	FAUX	RUSE

2

CITRON	IMAGE	TUBE	TASSE	ÉCLAIR
TIRAGE	ENSEMBLE	MINE	TIGE	ENDROIT
TISSER	LECTURE	MOU	FICELLE	PERDU
HOMME	MAL	MAILLE	LOGER	MAGIE
GRILLON	GARDE	FAMINE	MILLE	MINE
ÉTUDE	ÉTAPE	DUR	MAIN	MANCHE
MANIÈRE	MARDI	RUE	RONCE	MINCE
BUISSON	CABINE	CHEF	CAISSE	COUDE
MOUTON	HIBOU	SALADE	CABANE	MIETTE

L'intrus

1

Cette fois, c'est le mot « COULEUR » qui occupe toutes les cases de la grille sauf trois.
Retrouve ces cases contenant un intrus et colorie-les en vert.

COULEUR	COULEUR	COULEUR	COULEUR	COULEUR	COULEUR
COULEUR	COULEUR	COULEUR	COULEUR	COULEUR	COULEUR
COULEUR	COULEUR	COULEUR	COULEUR	COULEUR	COULEUR
COULEUR	COULEUR	DOUCEUR	COULEUR	COULEUR	COULEUR
COULEUR	COULEUR	COULEUR	COULEUR	COULEUR	COULEUR
COULEUR	DOULEUR	COULEUR	COULEUR	COUREUR	COULEUR
COULEUR	COULEUR	COULEUR	COULEUR	COULEUR	COULEUR

2

Dans chaque train, un wagon est en trop. Colorie cet intrus en jaune.

Repérage

1

Lis attentivement les mots suivants :

BEC PAR SUR MON TIR

Retrouve-les dans la grille ci-dessous et colorie-les en vert.

SEC	MES	MON	NOM	CES	BOL
NEZ	CAR	CIL	BON	BEC	BEL
PAR	PUR	FER	MUR	SUD	TIR
TON	TOI	FIL	NUL	LIT	ZOO
VER	VUE	MER	SUR	SIX	RAT
COR	UNE	TRI	RUE	BAC	NON

2

Dans chaque série de lettres, entoure autant de fois que tu le vois le mot écrit au début.

Exemple :

CHAT **SAISONCHARADECHATHEUREBAINCHATLIONIL**

À toi :

FROMAGE FROMENTFREINFROMAGEFROMAGECHATMAGE

TOUR LOURDFOURROUTETETEMONDETOUROURSNON

OISEAU OIEOUINONSEAUOIESBONOISEAUBAINOISEAUL

CRIER CIRERRIREECRIRECRIERTRIERPRIERCRIERPLIER

Le même mot

Observe bien les trois colonnes de mots.
Retrouve le seul mot qui figure à la fois dans la première, la deuxième et la troisième colonne et colorie-le en rouge.

SERPENT	RUGIR	SOIGNER
BATTEUR	CHAPEAU	APPELER
PLUSIEURS	PANTHÈRE	INSTRUMENT
PAPILLON	SERPENT	PLUSIEURS
CHAPEAU	SOIGNER	RAISON
TAILLE	MICROBE	POTION
CORRIGER	TUILE	IMAGINER
VISAGE	PERSONNE	TAILLE
VOYAGE	MÉDECIN	APPAREIL
ALPHABET	BROSSE	VERDURE
VERDURE	PEINTURE	CADRE
CARACTÈRE	CAMPAGNE	VISAGE
SALADE	CENTIME	CRAMPON
ÉTRANGER	SURTOUT	GRAVURE
VESTE	INFIRMIER	PARFUM
MENTHE	SONNERIE	VOITURE
MOUSSE	OBTENIR	PAPILLON
BEAUCOUP	ALLUMER	CHOUETTE
AMUSANT	PRINTEMPS	LUNE
MAQUETTE	VISAGE	COLIBRI
PLATANE	CONGELER	URGENCE
CHANGE	RAPACE	ÉGAL
INSECTE	TÉLESCOPE	COIN
GRILLON	MAQUETTE	VITRE

Mots rangés

Observe ces douze mots :

TORNADE	COLOMBE	HISTOIRE	LAURIER
ESCARGOT	ESCALIER	COULOIR	TOURNER
GLISSER	ENSUITE	TOUJOURS	PARFOIS

Écris-les dans la grille qui convient en t'aidant des lettres déjà indiquées.

Après avoir rempli la grille, trouve deux mots nouveaux avec les lettres des cases bleues.
Le premier mot se lit de haut en bas :

....

Le deuxième mot se lit de bas en haut :

....

	O		O			
	O			O		
G						
	O					R
						R
	O					R
						O
				O		
		R				
		R				E

Le mot oublié

Voici deux grilles de 35 cases qui contiennent les mêmes mots, mais dans un ordre différent.
Un de ces trente-cinq mots a été oublié dans la seconde grille. Retrouve-le.

SOULIER	COURRIER	NOUS	BALAI	ESPRIT
PLEIN	SA	CADEAU	TANIÈRE	GLOIRE
OBJET	POUPÉE	SAVOIR	LES	ELLE
MAGASIN	CELUI	ÉTOILE	TULIPE	MODE
TRENTE	MANTEAU	TROU	LAIT	CHOSE
INDIEN	SEMAINE	QUAND	CHAISE	RIVIÈRE
SUCRE	NEZ	FIXER	ADULTE	VASTE

OBJET	MODE	RIVIÈRE	CHAISE	CHOSE
MAGASIN	ELLE	TROU	QUAND	NEZ
ESPRIT	SUCRE	NOUS	SEMAINE	TRENTE
MANTEAU	LES	CELUI	TULIPE	INDIEN
POUPÉE	PLEIN	SA	GLOIRE	ADULTE
VASTE	FIXER	SOULIER	SAVOIR	COURRIER
BALAI	TANIÈRE	LAIT	CADEAU	

Écris le mot oublié dans la case restée vide.

Les anagrammes

1

Sur chaque ligne, deux mots sont composés des mêmes lettres : colorie-les.

LIANE	LAINE	PLANE	LIGNE
AGILE	TIGES	AIGLE	GILET
VOTRE	TOILE	VOILE	VOTER
TIRER	VETIR	VITRE	TITRE
TABLE	VALET	LAVES	VALSE
GRIVE	GRAVE	GIVRE	GRACE
CITER	CIRER	TRACE	CRIER
GAMME	MAGIE	MAIRE	IMAGE
SABLE	BALLE	SABRE	BASER
MAINE	HAINE	MOINE	MANIE

2

Dans cette grille, deux mots sont formés des mêmes lettres.
Colorie en jaune les deux cases contenant ces mots.

mille	huile	forme	chien	jaune	verte
lilas	tasse	neige	porte	moule	lèvre
livre	léger	niche	hache	vache	venir
voile	viser	veste	tache	brune	colle
piste	gilet	grise	prise	avoir	avion

Les jumeaux

1

Dans chaque grille ci-dessous, un même mot est écrit deux fois. Retrouve-le.

1

HÉRON	LIVRE	BICHE	MOINS	PENTE
MIEUX	JEUNE	LUTIN	FAUTE	DOUZE
DOUCE	HAUTE	PESTE	VIVRE	TRAIN
JAUNE	LIVRE	RESTE	ORDRE	VIEUX
TRONC	GRAIN	CHIEN	HÉROS	POINT

Le mot .... est écrit deux fois.

2

contre	maison	numéro	meuble	donner
sonner	montre	rouler	griffe	rouler
couler	rougir	couper	action	rousse
saison	nombre	nation	souper	jaunir
chacun	centre	forain	encore	visite

Le mot .... est écrit deux fois.

2

Colorie en jaune tous les mots écrits une seule fois, en vert les mots écrits deux fois, et en rouge les mots écrits trois fois.

VOITURE	VOYAGE	TENDRE	VOYAGE	VISAGE
TOITURE	VISITE	VILLAGE	VENDREDI	VIRAGE
VILLAGE	VITRAIL	VOYAGE	VISITEUR	VENIR
TENIR	VISAGE	VIRAGE	VILLAGE	VIVRE

L'intrus, mots rangés

1

Toutes les cases de cette grille sont occupées par le même mot sauf cinq d'entre elles. Colorie-les en jaune.

SOIR	SOIR	SOIR	SOIR	SOIR	SOIR	SOIR	SOIR	SOIR
SOIR	SOIR	NOIR	SOIR	SOIR	SOIR	SOIR	SOIR	SOIR
SOIR	SOIR	SOIR	SOIR	SOIR	SOIN	SOIR	SOIR	SOIR
SOIR	SOIR	SOIR	SOIR	SOIR	SOIR	SOIR	SOIR	SOIR
SOIR	SOIR	SOIR	SOIR	SOIR	SOIR	SOIR	SOIR	SOIR
SOLE	SOIR	SOIR	SOIR	SOIR	SOIR	SOIR	SIRE	SOIR
SOIR	SOIR	SOIR	SOIR	SOIR	SOIR	LOIR	SOIR	SOIR
SOIR	SOIR	SOIR	SOIR	SOIR	SOIR	SOIR	SOIR	SOIR
SOIR	SOIR	SOIR	SOIR	SOIR	SOIR	SOIR	SOIR	SOIR

2

Entoure la lettre ajoutée à chaque mot par rapport au précédent.

OR
COR
COUR
COURS
COURSE

MA
MAI
MAIN
MATIN
MARTIN
MARTIEN

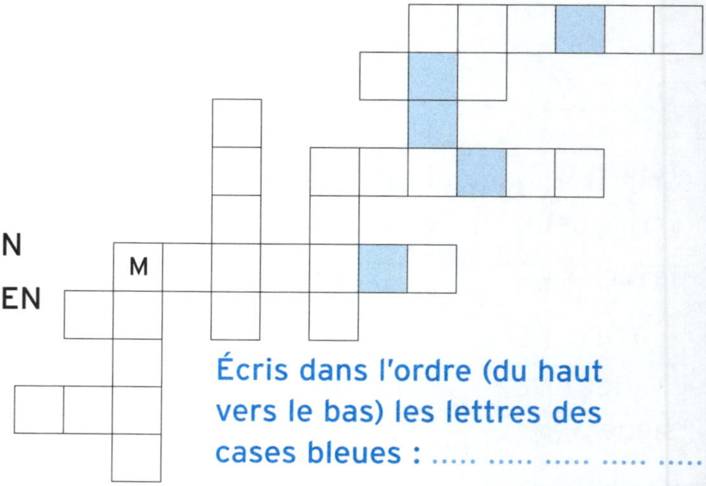

Maintenant, dispose ces 11 mots dans la grille.

Écris dans l'ordre (du haut vers le bas) les lettres des cases bleues : ....

Repérage

1

Lis bien les dix mots de la liste suivante :

POUR • GANT • CHER • MIEN • VRAI • MAIS • ÊTRE • BEAU • FIER • RARE

Retrouve-les dans la grille ci-dessous et colorie-les en jaune.

QUAI	HIER	CHEZ	BEAU	NIER	BIEN
COUR	POUR	RARE	AVEC	TRÈS	ÂTRE
ÊTRE	VRAI	FILE	AIDE	SALE	ÉLAN
GARE	NAGE	BISE	BANC	FINE	MINE
MISE	MIEN	SANS	GANT	SANG	JOUE
CHER	FIER	MOIS	LEUR	MAIS	VRAC
TOUT	TOIT	MARE	GRUE	JUIN	MARS

2

Si je change une lettre, « place » devient « plate » mais pas « pince » :

place ☒ plate ❑ pince

À ton tour, coche la bonne case :

ronce ❑ ronde ❑ monte

sans ❑ sang ❑ saut

masure ❑ mesure ❑ misère

laver ❑ baver ❑ léger

matin ❑ mouton ❑ malin

linge ❑ singe ❑ mange

Attention aux pièges de cette ligne :

singe ❑ siège ❑ songe

tente ❑ route ❑ foule

perte ❑ verte ❑ porte

Les jumeaux : le fils unique

Dans la grille suivante, chaque mot a un frère jumeau. Ainsi, le mot « CHIEN » est écrit deux fois : dans la première et la dernière case. Pourtant, un fils unique s'est mêlé à eux.
Cherche ce mot écrit une seule fois dans la grille et colorie en rouge la case qui le contient.

CHIEN	FORGE	BORNE	VOILIER	HONNEUR
MUSEAU	COURIR	CERTAIN	COMPTER	EMPLOI
VOILIER	HUMAIN	CLOU	AILLEURS	SECOURS
COURIR	CLOU	BORNE	DONNER	JUS
FORGE	MUSEAU	TUYAU	CERTAIN	AILLEURS
HONNEUR	HUMAIN	COMPTER	SALUT	BIJOU
GENOU	MORDRE	ASSEZ	MIEL	DONNER
CREUX	VITRAIL	CHOIX	MYOPE	GENOU
ASSEZ	TYMPAN	CAILLOU	JUS	MIEL
VITRAIL	BIJOU	COLLINE	MORDRE	SALUT
MERCI	TYMPAN	TUYAU	MERCI	CREUX
COLLINE	CHOIX	MYOPE	CAILLOU	CHIFFRE
SOLIDE	EMPLOI	CHIFFRE	SOLIDE	CHIEN

Les caches

J'ai renversé mon chocolat chaud sur mon texte !
Retrouve les mots effacés puis recopie le texte sur les lignes d'écriture.

Le jeune écureuil saute de branche en [redacted].

Il joue avec [redacted] papillons [redacted] la forêt.

Quand [redacted] lune se [redacted],

il se réfugie [redacted] dormir dans le creux de l'arbre

au [redacted] de [redacted] rivière.

Le ....

Mots rangés

Lis attentivement les quinze mots ci-dessous.
Ensuite, place-les dans les cases en t'aidant des lettres présentes.

POISSON	CLOISON	CHASSER	SOUVENT	CUISINE
LORSQUE	PERCHER	INUTILE	QUELQUE	OUBLIER
VILLAGE	VITESSE	ANIMAUX	RÉPONSE	VIEILLE

V	I					

	N	I				

			O	N		

V				S	S	

				E	N	

			I	L	L	

				S	O	N

					N	E

	U				E	

			S	S	O	

	O		S			

	U				U	

			S	S		

		U				

P						

Le mot oublié

Voici deux grilles de 36 cases qui contiennent les mêmes mots,
mais dans un ordre différent.
Pourtant, un des mots de la première grille a été oublié dans la deuxième.
Retrouve-le.

DANS	TENDRE	JUILLET	SUCRE	SAUF	SAISON
SALLE	ORNER	ORDRE	NYLON	METTRE	CORPS
MIAOU	LAISSE	JUGER	GLOIRE	GORGE	COLLE
PLAN	DRAGON	GRUE	OVALE	AVALE	MOI
MITE	MOBILE	WAGON	HUMIDE	HUIT	DOUTE
CAR	DOUCHE	SULTAN	MILLE	PERDU	SANG

NYLON	DRAGON	HUIT	SAISON	DANS	SANG
TENDRE	SULTAN	MIAOU	GORGE	COLLE	ORDRE
SALLE	PLAN	ORNER	LAISSE	MOI	SAUF
DOUCHE	MILLE	JUILLET	GRUE	SUCRE	OVALE
WAGON	CAR	PERDU	GLOIRE	METTRE	AVALE
MITE	CORPS	DOUTE	MOBILE	JUGER	

Écris le mot oublié dans la case restée vide.

Les anagrammes

1

Sur chaque ligne, deux mots sont formés des mêmes lettres.
Colorie en rouge les deux cases qui contiennent ces mots.

RAPIDE	PIRATE	PATRIE	PARTIR
GRAVIR	VIRAGE	GRAVER	RIVAGE
MAIGRE	GRAMME	ANGINE	MIRAGE
METIER	MISERE	MENTIR	REMISE
PLAINE	LAPINE	PLANTE	PLIAGE
NOMBRE	TOMBER	OMBRES	SOMBRE
MARCHE	PERCHE	CHEMIN	CHARME
SEIGLE	SIEGES	EGLISE	GLISSE
SIENNE	SIRENE	RINCER	RESINE
VALSER	VISAGE	VALISE	SALIVE

2

Curieuses fleurs ! Colorie les pétales qui contiennent une anagramme du mot écrit au cœur de la fleur.

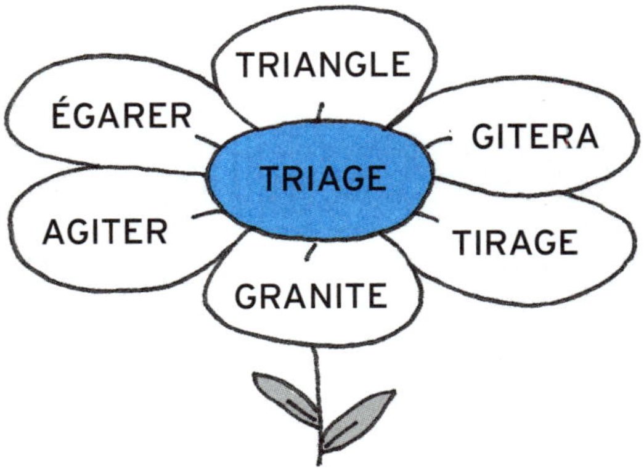

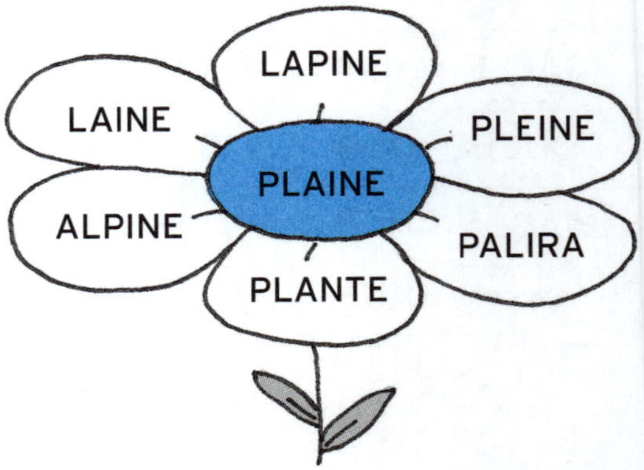

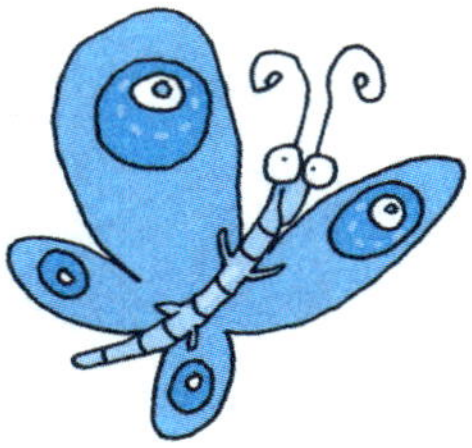

Les jumeaux

Dix mots de la première grille se trouvent aussi dans la deuxième grille. Retrouve-les et colorie-les en jaune.

1

GRAND	SANG	BRANCHE	CENT	PONT
RONDE	BEAU	BLANC	BOUT	ROUGE
TARD	CAHIER	JAUNE	ONGLE	MOT
PORT	BRIN	VERT	BLOND	DOUX
POUR	GRAIN	GROS	HIER	DEMAIN
CHEZ	PLIER	TEMPS	FREINE	AVOIR
AVEC	CHANT	QUAND	FOULE	NOTRE
LONG	PRIX	PLUS	BONDIR	LARGE
DANS	TROP	LUNDI	YEUX	VENT

2

GRAND	SOIN	BLANCHE	DENT	FORT
MONDE	BEAU	BLEU	BOIS	ROUTE
FARD	CASIER	JEUNE	ONGLE	MOT
POIRE	CRIN	VERS	BOÎTE	DONC
POUR	GRAMME	MOIS	HIER	MAIN
CHER	PLIER	TEMPS	FOIN	AVION
SANS	CHAMP	QUEL	BOULE	NOTER
LENTE	CRIER	PLUS	SENTIR	GARAGE
SEUL	TROU	AVRIL	YEUX	SÈVE

L'intrus

1

Dans cette grille, toutes les cases sont occupées par le même mot, sauf trois qui contiennent des intrus. Trouve ces cases et colorie-les en jaune.

JEUNE	JEUNE	JEUNE	JEUNE	JEUNE	JEUNE
JEUNE	JEUNE	JEUNE	JEUNE	JEUNE	JEUNE
JEUNE	JEUNE	JEUNE	JEUNE	JEUNE	JEUNE
JEUNE	MEULE	JEUNE	JEUNE	JEUNE	JEUNE
JEUNE	JEUNE	JEUNE	JEUNE	JEUNE	JEUNE
JEUNE	JEUNE	JEUNE	JEUNE	JEUNE	JEUNE
JEUNE	JEUNE	JEUNE	JEUNE	JEUNE	JEUNE
JEUNE	JEUNE	JEUNE	JEUNE	JEUNE	JEUNE
JEUNE	NEUVE	JEUNE	JEUNE	JEUNE	JEUNE
JEUNE	JEUNE	JEUNE	JEUNE	JEUNE	JAUNE
JEUNE	JEUNE	JEUNE	JEUNE	JEUNE	JEUNE
JEUNE	JEUNE	JEUNE	JEUNE	JEUNE	JEUNE
JEUNE	JEUNE	JEUNE	JEUNE	JEUNE	JEUNE
JEUNE	JEUNE	JEUNE	JEUNE	JEUNE	JEUNE

2

Un seul mot contient la lettre « m ». Entoure-le.
Un seul mot contient les lettres « x » et « y ». Écris-le : ....

neige	taxi	votre	chemin	canal	chien	axe
hache	oxyde	voyage	raison	pluie	voix	exercice
vexer	vitre	exister	inviter	neige	long	large

Au fait, un mot est écrit deux fois. Lequel ? ....

Repérage

1

Entoure dans le texte les mots suivants :

vendeur - endroit - camions - curieux - longue

Un jour, un camion disparut sur l'autoroute. On ne l'a jamais retrouvé. Un mois plus tard, un autre camion s'éclipsait au même endroit. Et tous les premiers jeudis de chaque mois, le même phénomène se produisait. Les curieux se rassemblaient sur le pont de l'autoroute, attendant l'événement. Cela dura des années et des années. Après une longue et minutieuse enquête, on découvrit que les camions disparus étaient exposés sur les étagères d'un magasin de jouets. Ils avaient été miniaturisés par le vendeur magicien.

2

Entoure dans le texte les anagrammes des mots suivants :

alpins - amie - cave - grande - mais - pirate - son - traque

Le prince Hubert aime les animaux, surtout les lapins. Un jour, des amis l'invitent à une partie de chasse dans la forêt voisine. Au lever du jour, il part avec trois chasseurs aguerris. Mais, pour avertir les animaux du danger, le prince éternue toute la journée ! Nos quatre hommes rentrent bredouilles...

Les caches

Recopie entièrement sur les lignes d'écriture le texte dont certains mots ont été effacés par la pluie.

Il pleut depuis trois ……

Notre chat n'a …… mis …… museau dehors. Il …… son temps près …… la cheminée car …… aime …… chaleur du …… .

Notre chien est jaloux du …… car il n'a pas le …… d'entrer …… …… maison. Il reste blotti dans …… …… , au fond du …… .

Il ……………………………………………………

……………………………………………………………

……………………………………………………………

……………………………………………………………

……………………………………………………………

……………………………………………………………

……………………………………………………………

……………………………………………………………

Mots rangés

Lis attentivement les seize mots ci-dessous.
Puis, écris-les dans les cases de la grille en t'aidant des lettres déjà placées.

SOLIDE	COURSE	ENTRER	SAMEDI
MARCHE	MONTER	POINTE	TRESSE
POTION	RANGER	JARDIN	ENFANT
MOUTON	MOULIN	PASSER	QUATRE

			S		
	U				
	O	U		L	
M	O	U			
	O			O	
				I	N
M	O				
M					

		S			
S					I
S			I		
E		T			
E					
	A			E	
	O	U			
			N		

Le mot oublié

Tous les mots de la première grille sont présents dans la deuxième grille, sauf un.
Retrouve-le.

BONHEUR	VOISIN	JUNGLE	POTAGE	COULOIR
PELOTE	PALME	LÉZARD	AVRIL	DATE
HOCHER	RAMPER	VIRGULE	COMBIEN	FIN
GENTIL	CHENIL	TORTUE	CAMION	SECRET
INDIEN	ARBITRE	JUDO	RÉUNION	POUCE
CHAIR	RIZ	RÉVEIL	HUÎTRE	NAPPE
HARICOT	CHAUD	CHAMBRE	MÉTAL	FREIN
IRIS	CIGALE	LARVE	SUD	VIDER

tortue	judo	huître	nappe	pelote
voisin	chaud	chair	camion	secret
riz	métal	couloir	indien	iris
hocher	date	combien	gentil	jungle
réveil	bonheur	arbitre	virgule	larve
haricot	chenil	pouce	fin	avril
vider	lézard	ramper	sud	potage
	palme	réunion	chambre	frein

Écris le mot oublié dans cette case.

Les anagrammes

1

Dans chaque grille, colorie en jaune les cases qui contiennent un mot formé des mêmes lettres que celui de la case bleue.

PROSE	SORTE	PORES
COUPE	POSER	DOSER
PORTE	REPOS	SOUPE

MATIN	MALIN	ALPIN
SAPIN	LAPIN	LAPON
LOPIN	SATIN	LATIN

RICHE	BICHE	NICHE
CHAUD	CHINE	TACHE
CHIEN	CHÊNE	CHÂLE

MONDE	RONDE	FROID
ARIDE	RAIDE	AIMER
CORDE	AGENT	AIDER

RARES	APRES	RAPES
PARER	REPAS	GARER
RAGES	SAPER	EPARS

VOICI	VOTRE	OMBRE
ONGLE	OLIVE	VOILE
VOILA	VISER	TOILE

GUIDE	GRELE	GELER
LEGER	REGLE	GUEPE
LIGNE	LEVER	NEIGE

NOTRE	TENOR	VOTRE
TENTE	NOTER	TRONE
TRONC	NETTE	LITRE

2

Dans la grille ci-contre se cachent deux mots formés des mêmes lettres. Retrouve-les et colorie-les en jaune.

DOUCE	POUCE	POULE
COUPE	POMPE	POMME
LAMPE	COMME	TOUTE

L'intrus

Toutes les cases de la grille sont occupées par le mot « DEUX » sauf trois qui contiennent un mot différent.
Observe bien la grille pour repérer ces cases et colorie-les en jaune.

DEUX	DEUX	DEUX	DEUX	DEUX	DEUX
DEUX	DEUX	DEUX	DEUX	DEUX	DEUX
DEUX	DEUX	DEUX	DEUX	DEUX	DEUX
DEUX	DEUX	DEUX	DEUX	DEUX	DEUX
DEUX	DEUX	DEUX	DEUX	DEUX	DEUX
DEUX	DEUX	DEUX	DEUX	DEUX	DEUX
DEUX	DEUX	DEUX	DEUX	DEUX	DEUX
DEUX	DEUX	DEUX	DEUX	DEUX	DEUX
DEUX	DEUX	DEUX	DEUX	DEUX	DEUX
DOUX	DEUX	DEUX	DEUX	DEUX	DEUX
DEUX	DEUX	DEUX	DEUX	DEUX	DEUX
DEUX	DEUX	DEUX	DEUX	DEUX	DEUX
DEUX	DEUX	DEUX	DEUX	DEUX	YEUX
DEUX	DEUX	DEUX	DEUX	DEUX	DEUX
DEUX	DEUX	DEUX	FEUX	DEUX	DEUX
DEUX	DEUX	DEUX	DEUX	DEUX	DEUX
DEUX	DEUX	DEUX	DEUX	DEUX	DEUX
DEUX	DEUX	DEUX	DEUX	DEUX	DEUX
DEUX	DEUX	DEUX	DEUX	DEUX	DEUX

Repérage

Lis le texte :

Roger n'est pas un petit garçon, ni un jeune homme, ni le facteur. Roger, c'est un chat, celui de Jean-Paul et Marie-Claire. Quand les deux enfants sont à la maison, Roger joue avec eux : il est le lion, ils sont les chasseurs. Quand les enfant sont à l'école, Roger se promène dans l'immeuble : il va voir, au rez-de-chaussée, madame Pilou la gardienne ou monsieur Duchaussin le serrurier…

Extrait de *Nous devenons de vrais lecteurs*,
J.-P. Rousseau, G. Rémond, Retz, 1996.

Combien de fois lis-tu le prénom « Roger » ? ....

Quel mot du texte contient quatre fois la lettre « R » ? ....

Colorie les étiquettes contenant des mots du texte :

facteur — toujours — sans — lion — gardien

jeune — avec — maison — adore — promène

Place dans cette grille les mots que tu viens de colorier.
Pour t'aider, une lettre est déjà donnée.

Les caches

Observe attentivement le texte dont certains mots ont été effacés puis recopie-le sur les lignes d'écriture.

Mon ami vit sur un nuage, un petit … tout blanc.

Lorsque … soleil … trop fort et qu'… fait … chaud, mon … et son … nuage … partent … voyage de l'… côté de … terre.

Mon ....

....

....

....

....

....

....

....

Mots rangés

Voici une liste de dix-huit mots. Tous ces mots contiennent la lettre « H ». Observe-les avec beaucoup d'attention, puis écris-les dans les cases de la grille, en tenant compte des lettres déjà placées.

CAHIER	PHRASE	CHARME	CLOCHE	CHANGE	HOMMES
CHAISE	BOUCHE	HANCHE	MOUCHE	SÉCHER	MARCHE
CHAÎNE	CHAUDE	HACHER	PORCHE	CROCHE	HUMIDE

H					S
H				D	
H			H		
H					
	H	R			
	H		R		
	H		N		
	H			N	
C				H	

		H			
C				S	
C					
		C	H		
C			C	H	
		R	C	H	
M		R			
M					
	O				

Les mots oubliés

Tous les mots de la première grille sont dans la deuxième, sauf deux. Cherche les mots oubliés et inscris-les dans les deux cases bleues.

SANGLIER	PLATEAU	OCÉAN	PERLE
LIT	AMER	HIBOU	NICHE
ÉMAIL	DÉLUGE	AUTRUCHE	OFFRIR
OIE	OMBRE	MOUCHE	FIXER
TRIER	INQUIET	IMITER	ENCORE
TOUTE	JAMAIS	ALORS	GRIFFE
LORSQUE	PARMI	FLOCON	COLLINE
FLEUR	FARCE	TAILLE	TAPER
TAPIS	PEAU	SIMPLE	SIGNER
LANGUE	SEMAINE	PAS	BOUT

OFFRIR	LIT	PLATEAU	OIE	FIXER
FLEUR	TOUTE	FARCE	IMITER	FLOCON
SANGLIER	HIBOU	COLLINE	DÉLUGE	PARMI
OMBRE	PAS	JAMAIS	GRIFFE	AMER
SEMAINE	OCÉAN	NICHE	ÉMAIL	MOUCHE
PERLE	AUTRUCHE	LANGUE	BOUT	INQUIET
ENCORE	TAPIS	TAPER	LORSQUE	ALORS
PEAU	TAILLE	SIGNER		

Écris les mots oubliés dans ces cases.

Les anagrammes

Observe bien les six grilles suivantes. Elles sont constituées de douze mots différents.
Dans chaque grille, deux mots sont formés des mêmes lettres.
Colorie en jaune les deux cases contenant ces mots.

1

ARBRE	HACHE	ROUTE
MISER	BARRE	BRAVE
GRAIN	GRAND	BOULE
AVION	POINT	BARBE

2

SUCRE	SANTÉ	SOUPE
SACRE	SIGNE	SORTE
CASER	CAUSE	COUPE
CRIER	CHÈRE	CARPE

3

VIGNE	SIGNE	LIGNE
RONGE	SONGE	FIÈRE
LOURD	LITRE	VITRE
LINGE	VIVRE	TITRE

4

FAIRE	TAIRE	PAIRE
SIGNE	SINGE	SIÈGE
CARTE	CARRE	PLAGE
PIÈGE	PINCE	AIGRE

5

MAMAN	MAGIE	MERCI
BANDE	BEIGE	BÉMOL
CRISE	CRIME	GRISE
TENTE	TRIER	MOLLE

6

AIDER	ASILE	ACRAS
ALLER	AILES	AMIES
AVANT	APRÈS	AGILE
AIMER	ADIEU	AÉRER

L'intrus

1

Tous les mots de cette grille sont les mêmes sauf un.
Trouve-le et écris-le :

....

								E			
								S			
						E	S	P	E	C	E
						S		E			S
				E	S	P	E	C	E		P
				S		E		E			E
		E	S	P	E	C	E				C
		S		A		E					E
E	S	P	E	C	E						
		E		E							
		C									
		E	S	P	E	C	E				

2

Entoure les mots différents de « TARD ».

TARD	TARD	TARD	TARD	TARD	TARD	TARD
TARD	TARD	FARD	TORT	TARD	DRAP	TARD
TARD	TARD	TARD	TARD	TARD	TARD	TARD
TARD	TARE	TARI	TORD	TARD	TARD	TARD
TARD	TARD	TARD	TARD	TARD	TARD	TARD

Combien de mots as-tu entourés ? ....

3

Colorie le mot qui ne contient pas la lettre « E ».

fable	aigle	comment	pareil	renard
dessus	horloge	envie	chaud	carnet
museau	feuille	bagage	odeur	artiste
chaleur	depuis	huile	lecture	contenir

Les mots changent

Paul et Sandra récitent le même texte. Pourtant, Paul a changé quelques mots. Colorie en jaune les mots que Paul a changés par rapport à ce que Sandra a récité.

Il était une fois un berger qui gardait ses moutons tout là-haut dans la montagne. Il n'avait peur que d'une chose, que le loup vienne lui manger ses moutons lors d'une nuit sans lune. Le berger demanda à la lune de rester immobile dans le ciel afin de surveiller ses moutons pendant qu'il dormirait. « Mais, répondit la lune, n'as-tu pas de chiens pour garder tes moutons ? » Le berger leva les yeux au ciel et dit que le seul chien que la foudre n'avait pas touché était devenu aveugle. « Bon, dit la lune, je veux bien rester immobile dans le ciel pendant quelques nuits, mais ensuite, je reprendrai ma route car d'autres bergers ont peut-être besoin de moi. »

Il était une fois un berger qui gardait ses moutons tout là-haut sur la montagne. Il n'avait peur que d'une chose, que le loup vienne lui dévorer ses moutons lors d'une nuit sans lune. Le berger demanda à la lune de demeurer immobile dans le ciel afin de surveiller ses moutons pendant qu'il sommeillerait. « Mais, répondit la lune, n'as-tu pas des chiens pour garder tes moutons ? » Le berger leva les bras au ciel et dit que le seul chien que la foudre n'avait pas touché était maintenant aveugle. « Bien, dit la lune, je veux bien rester immobile dans le ciel pendant quelques nuits, et ensuite, je reprendrai mon chemin car d'autres bergers ont peut-être besoin de moi. »

CORRIGÉS

Pages

4 la, feu, main, patin, cheval, voiture, partager, opération

5 en, dur, deux, vigne, cerise, bouchon, escalier, locomotive

6 CARNET

7 En vert : RAME, ARME ; en noir : LOUPE ; en bleu ciel : SCIER, CRIES (2 fois), ECRIS, CIRES ; en jaune : OLIVE ; en bleu foncé : LOIN ; en rose : RAPES, REPAS ; en rouge : SUER, RUSE, RUES

8 fontaine, liberté, obliger, carnet, objet, jambe

9
1 : REPOS
2 : FOULE
3 : ONCLE
4 : SINGE

11
1 : CERISE
2 : pour

12 température, tapisserie, partition, cartable, plonger, canard, noyau, nuit, eau, on

13 construction, application, printemps, montagne, sommet, balle, bien, sol, du, a

14 monde

15 1 :

MARE	MAGE	ARME
AVEC	CHEZ	CAVE
MARS	MAIS	AMIS
OSER	ROSE	USER
TOUR	TOUT	TROU
CIEL	FIEL	FILE
RAPE	PARE	PURE
RUSE	BUSE	USER
NIER	SIEN	RIEN
ZONE	ONZE	ZÉRO

2 : PEUR, PURE

16 cage, pour, coup, loup, dans, pain, avec, pont, cave, chez

17
1 : NOS
2 : MON
3 : BILLE
4 : PIRE

19 MONDE

20

		A						
		V				P		H
	D	E	T	R	U	I	R	E
B	I	C	H	E	■	S	■	U
	R		E	V	I	T	E	R
	E			E		E	T	E
							R	
							E	

21 VAGUE

22 1 :

TROP	TOUT	POUR	PORT
RARE	GARE	RAGE	GAGE
POIL	LOUP	PILE	POLI
MINE	MIEL	MIEN	LIEN
LIEN	MINE	LIME	MIEL
GITE	TIGE	SITE	CITE
MURE	SURE	MUER	RUER
SIRE	DURE	SURE	SUER
PIRE	DURE	RUDE	PURE
RIDE	RIRE	PIRE	DIRE

Pages

2:

VIGIE → VIGNE → LIGNE → LIANE

NOIR → NOIX → VOIX → VOIE → JOIE → JOUE

MALLE → SALLE → SABLE → SABRE → SOBRE

ONCLE → ONGLE → ANGLE → AIGLE → AIGRE → TIGRE

23 1: BALLE
2: flairer
3: MOYEN

24 1: REIN, SIEN, BIEN, BIEN, RIEZ
2: NAIN, MAIS, MIEN, BAIN

26 autre

27 OREILLE, OUBLIER, OURSON, OURLET, ORANGE, OBSTACLE, OCCASION, OUVRIR, ORIENT, OBLIGER, OLIVIER, OCTOBRE

28 TABLIER

29 1:

NICHE	CHIEN	RICHE
RUCHE	RICHE	CHERI
NEIGE	NUAGE	GENIE
POUPE	POULE	LOUPE
ROUGE	ORGUE	RONGE
VOTRE	NOTRE	NOTER
TRONE	TRONC	NOTRE
COUPE	POUCE	SOUPE
REPOS	PROSE	ROSES
REPOS	POSTE	POSER

2: garde, grade

30 1: ÉCRAN
2: MINE

31 1: DOUCEUR, DOULEUR, COUREUR
2: génial, REIN, fluor

33 VISAGE

34 1: COLOMBE, COULOIR, GLISSER, TOURNER, LAURIER, TOUJOURS, ESCARGOT, ESCALIER, HISTOIRE, PARFOIS, TORNADE, ENSUITE
2: BOIRE, TAPIS

35 ÉTOILE

36 1:

LIANE	LAINE	PLANE	LIGNE
AGILE	TIGES	AIGLE	GILET
VOTRE	TOILE	VOILE	VOTER
TIRER	VETIR	VITRE	TITRE
TABLE	VALET	LAVES	VALSE
GRIVE	GRAVE	GIVRE	GRACE
CITER	CIRER	TRACE	CRIER
GAMME	MAGIE	MAIRE	IMAGE
SABLE	BALLE	SABRE	BASER
MAINE	HAINE	MOINE	MANIE

2 : chien, niche.

37 1 : LIVRE et rouler
2 : Colorier en rouge : village, voyage ;
en vert : visage, virage ;
en jaune : tous les autres mots.

38 1 : NOIR, SOIN, SOLE, SIRE, LOIR
2:

OR → COR → COUR → COURS → COURSE

MA → MAI → MAIN → MATIN → MARTIN → MARTIEN

Pages

3:

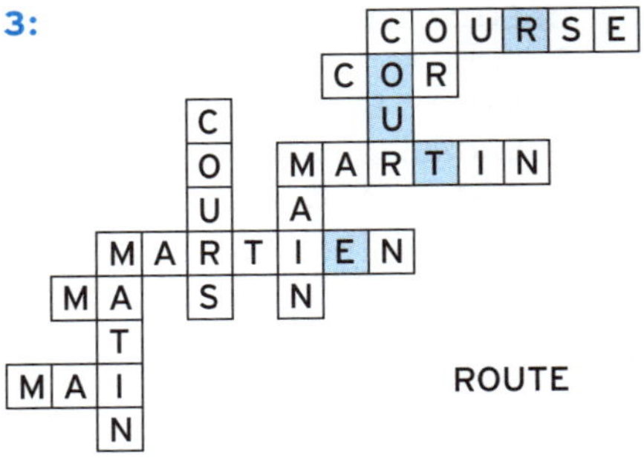

ROUTE

39 **2:** ronce → ronde ; sans → sang ;
masure → mesure ; laver → baver ;
matin → malin ; linge → singe
singe → songe et siège ;
« tente » ne devient ni « route » ni « foule » ;
perte → verte et porte

40 SECOURS

41 Le jeune écureuil saute de branche en **branche.** Il joue avec **les** papillons **de** (ou **dans**) la forêt. Quand la lune se **lève**, il se réfugie **pour** dormir dans le creux de l'arbre, au **bord** de **la** rivière.

42 VILLAGE, ANIMAUX, RÉPONSE, VITESSE, SOUVENT, VIEILLE, CLOISON, CUISINE, OUBLIER, POISSON, LORSQUE, QUELQUE, CHASSER, INUTILE, PERCHER

43 HUMIDE

44 **1:**

RAPIDE	PIRATE	PATRIE	PARTIR
GRAVIR	VIRAGE	GRAVER	RIVAGE
MAIGRE	GRAMME	ANGINE	MIRAGE
METIER	MISERE	MENTIR	REMISE
PLAINE	LAPINE	PLANTE	PLIAGE
NOMBRE	TOMBER	OMBRES	SOMBRE
MARCHE	PERCHE	CHEMIN	CHARME
SEIGLE	SIEGES	EGLISE	GLISSE
SIENNE	SIRENE	RINCER	RESINE
VALSER	VISAGE	VALISE	SALIVE

2: Anagrammes de TRIAGE : GITERA, TIRAGE, AGITER
Anagrammes de PLAINE : LAPINE, ALPINE

45 GRAND, BEAU, ONGLE, MOT, POUR, HIER, PLIER, TEMPS, PLUS, YEUX

46 **1:** MEULE, NEUVE, JAUNE
2: chemin ; oxyde ; neige

47 [...] Un mois plus tard, un autre camion s'éclipsait au même endroit. Et tous les premiers jeudis de chaque mois, le même phénomène se produisait. Les curieux se rassemblaient sur le pont de l'autoroute, attendant l'événement. Cela dura des années et des années. Après une longue et minutieuse enquête, on découvrit que les camions disparus étaient exposés sur les étagères d'un magasin de jouets. Ils avaient été miniaturisés par le vendeur magicien.
2: Le prince Hubert aime les animaux, surtout les lapins. Un jour, des amis l'invitent à une partie de chasse dans la forêt voisine. Au lever du jour, il part avec trois chasseurs aguerris. Mais pour avertir les animaux du danger , le prince éternue toute la journée ! Nos quatre hommes rentrent bredouilles...

48 Il pleut depuis trois **jours.** Notre chat n'a **pas** mis **le** museau dehors. Il **passe** son temps près **de** la cheminée car **il** aime **la** chaleur du **feu.** Notre chien est jaloux du **chat** car il n'a pas le **droit** d'entrer **dans la** maison. Il reste blotti dans **sa niche**, au fond du **jardin**.

49 TRESSE, QUATRE, MOULIN, MOUTON, POTION, JARDIN, MONTER, MARCHE, PASSER, SAMEDI, SOLIDE, ENTRER, ENFANT, RANGER, COURSE, POINTE

50 cigale

51 **1:** POSER : PROSE, PORES, REPOS
LAPIN : ALPIN

CHINE : NICHE, CHIEN
RAIDE : ARIDE, AIDER
REPAS : APRES, RAPES, SAPER, EPARS
OLIVE : VOILE
REGLE : GRELE, GELER, LEGER
NOTER : NOTRE, TENOR, TRONE
2: POUCE, COUPE

52 DOUX, YEUX, FEUX

53 4 fois « Roger »
serrurier
facteur, jeune, avec, maison, lion, promène

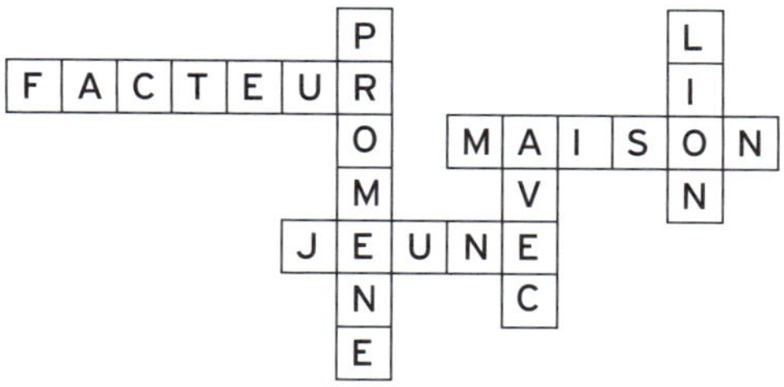

54 Mon ami vit sur un nuage, un petit **nuage** tout blanc. Lorsque **le** soleil **brille** trop fort et qu'**il** fait **trop** chaud, mon **ami** et son **petit** nuage **blanc** partent **en** voyage de l'**autre** côté de **la** terre.

55 HOMMES, HUMIDE, HACHER, HANCHE, PHRASE, CHARME, CHANGE, CHAINE, CLOCHE, CAHIER, CHAISE, CHAUDE, SECHER, CROCHE, PORCHE, MARCHE, MOUCHE, BOUCHE

56 TRIER, SIMPLE

57
1: ARBRE, BARRE
2: SACRE, CASER
3: LIGNE, LINGE
4: SIGNE, SINGE
5: MERCI, CRIME
6: ASILE, AILES

58
1: ESPACE
2: 6 mots : FARD, TORT, DRAP, TARE, TARI, TORD
3: chaud

59 Il était une fois un berger qui gardait ses moutons tout là-haut **sur** la montagne. Il n'avait peur que d'une chose, que le loup vienne lui **dévorer** ses moutons lors d'une nuit sans lune. Le berger demanda à la lune de **demeurer** immobile dans le ciel afin de surveiller ses moutons pendant qu'il **sommeillerait**. « Mais, répondit la lune, n'as-tu pas **des** chiens pour garder tes moutons ? » Le berger leva les **bras** au ciel et dit que le seul chien que la foudre n'avait pas touché était **maintenant** aveugle.
« **Bien**, dit la lune, je veux bien rester immobile dans le ciel pendant quelques nuits, **et** ensuite, je reprendrai **mon chemin** car d'autres bergers ont peut-être besoin de moi. »

Des jeux pour mieux lire

Présentation

Pour parvenir à la lecture aisée d'un texte, un bon lecteur est capable d'identifier 300 à 400 mots à la minute. Cette rapidité nécessite de se libérer du déchiffrage, étape de l'apprentissage qu'il faut dépasser pour parvenir à une lecture suffisamment « économique » intellectuellement afin de libérer l'énergie nécessaire pour faire du sens avec le texte.

Cet ouvrage a pour objectif de permettre à l'enfant qui a acquis les mécanismes de la lecture d'améliorer ses compétences de lecteur, et de consolider son orthographe lexicale, dans un contexte varié, où il lui faudra :
- ranger des mots selon leur nombre de lettre ;
- repérer des anagrammes de mots ;
- utiliser des indices de longueur et/ou de lettres pour placer des mots dans des grilles ;
- trouver la lettre qui a changé pour passer d'un mot à un autre ;
- comparer des listes de mots ;
- retrouver les mots communs ou différents dans des groupes de mots ;
- retrouver des mots dans un texte ;
- percevoir le sens d'un texte et anticiper pour écrire des mots qui ont été effacés ;
- chercher les différences entre deux textes presque identiques.

L'enfant va ainsi progressivement augmenter son habileté à trouver le ou les détails qui différencient des mots, à appréhender le mot dans sa globalité et à comprendre le sens d'un texte.

Conseils d'utilisation

Les exercices sont classés par alternance de thèmes et proposent une dimension attractive et variée de la recherche, avec une constante progression de la difficulté. Il est donc préférable de les effectuer dans l'ordre proposé. Il est aussi souhaitable que l'enfant s'entraîne peu de temps, une page, voire deux maximum à chaque séance, mais de façon régulière.

Lorsque l'enfant aura bien réussi un type de jeu (« Mots rangés », « Les anagrammes », « L'intrus »...), on pourra lui demander, en plus, d'essayer de le réaliser le plus rapidement possible afin d'accroître son efficience de lecteur.

En cas de réelle difficulté, ou de lassitude, laissez momentanément le cahier de côté et proposez d'autres situations de lecture. Il est aussi nécessaire de permettre à l'enfant de fréquenter des textes pour le plaisir de lire (histoires plus ou moins longues, romans, BD) en s'assurant de sa compréhension.

Les activités proposées dans ce « Petit cahier » ont été testées auprès d'enfants qui ont éprouvé un grand plaisir à les réaliser. Il est important qu'elles soient considérées comme un jeu à faire avec l'enfant, et non comme un exercice obligatoire.

Direction éditoriale : Sylvie Cuchin
Édition : Céline Lorcher
Création de maquette : Sarbacane
Mise en page : LaserGraphie
N° de projet : 10137876 - Dépôt légal : mars 2007
Achevé d'imprimer en France sur les presses de la Nouvelle Imprimerie Laballery
à Clamecy (58) – N° d' impression : 701152

L'intrus

Toutes les cases de cette grille sont occupées par le même mot, sauf une. Retrouve le mot différent et colorie-le en jaune.

1

SON	SON	SON	SON	SON
SON	SON	SON	NOS	SON
SON	SON	SON	SON	SON

Fais la même recherche avec les mots de chacune des grilles suivantes.

2

BON	BON	BON	BON	BON
BON	BON	BON	BON	BON
BON	BON	BON	BON	BON
BON	MON	BON	BON	BON

3

FILLE	FILLE	FILLE	FILLE	FILLE
FILLE	FILLE	FILLE	FILLE	FILLE
FILLE	BILLE	FILLE	FILLE	FILLE
FILLE	FILLE	FILLE	FILLE	FILLE
FILLE	FILLE	FILLE	FILLE	FILLE

4

RIRE	RIRE	RIRE	RIRE	RIRE	RIRE
RIRE	RIRE	RIRE	RIRE	RIRE	RIRE
RIRE	RIRE	RIRE	RIRE	RIRE	RIRE
RIRE	RIRE	RIRE	RIRE	RIRE	PIRE
RIRE	RIRE	RIRE	RIRE	RIRE	RIRE
RIRE	RIRE	RIRE	RIRE	RIRE	RIRE

Les jumeaux :
grand frère, petit frère

Dix mots de la première grille sont présents dans la deuxième grille.
Observe bien les deux grilles et colorie en jaune les cases qui contiennent ces « mots jumeaux ».

PION	CAGE	POUR	COUP
LOUP	MAGE	CHAT	CALE
QUAI	PAGE	DANS	PAIN
AVEC	PIRE	CHER	PONT
RIRE	DIRE	CAVE	CHEZ
BRAS	MODE	MOIS	DONC
SANG	VERS	BOUT	GARE

quoi	pain	houx	nage
coup	chez	dent	cage
port	mont	loup	sage
lion	char	lire	café
pont	dans	cave	pour
elle	avec	sire	main
mars	pure	case	dure